AF483007

MAGASIN THEATRAL.

PIECES NOUVELLES

JOUÉES SUR TOUS LES THÉATRES DE PARIS.

THÉATRE DE LA GAITÉ.

LES

INCONVÉNIENTS DE LA SYMPATHIE,

Vaudeville en un acte, par Mme ANAÏS SÉGALAS.

PARIS.

LIBRAIRIE THEATRALE, BOULEVARD SAINT-MARTIN, 12.

ANCIENNE MAISON MARCHANT

1854

MAGASIN THÉATRAL.

CHEFS-D'ŒUVRE DU THÉATRE FRANÇAIS, A 40 CENTIMES.

Athalie, tragédie en 5 actes.
Andromaque, tragédie en 5 act.
Avare (l'), comédie en 5 actes, de Molière.
Barbier de Séville (le), c. 4 a.
Britannicus, trag. en 5 actes.
Cinna, tragédie en 5 actes.
Cid (le), tragédie en 5 actes.
Dépit amoureux (le), c. 2 actes.
École des Femmes (l'), c. 5 actes, de Molière.
Folies amoureuses (les), c. 3 ac.
Hamlet, tragédie en 5 actes.
Horaces (les), tragédie, 5 actes.
Iphigénie en Aulide, trag. 5 act.
Mahomet, tragédie en 5 actes.
Mort de César (la), trag. 5 act.
Misanthrope (le), com. en 5 act.
Mariage de Figaro, com. 5 actes.
Mère coupable (la), c. 3 actes.
Mérope, tragédie en 5 actes.
Métromanie (la), com. en 5 act.
Malade imaginaire (le), c. 3 act.
Othello, tragédie en 5 actes.
Phèdre, tragédie en 5 actes.
Polyeucte, tragédie en 5 actes.
Tartufe (le), com. en 5 actes.
Zaïre, tragédie en 5 actes.

MONOLOGUES A 25 CENTIMES.

Camille Desmoulins, monol. dr.
Chatterton mourant, monologue.
Dre nuit d'André Chénier (la).
Jeanne d'Arc en prison, mono.
Lanterne de Diogène (la), mono.
Mort de Gilbert (la), mono.
Vie de Napoléon (la), récit, 1 a.
Vision du Tasse (une), mon. 1 a.

PIECES A 50 CENTIMES.

Alchimiste (l'), d. 5 a. A. Dumas.
Ami Grandet (l'), c.-v. 3 a.
Amours de Psyché (les), p.f. 3 a.
Amours d'une Rose, (les) v. 3 a.
Ango, drame en 5 actes.
Apprenti (l'), v. en 1 a.
Atar-Gull, drame en 5 actes.
Auberge de la Madone (l') d. 5 a.
Aumônier du régiment (l'), 1 a.
Aven. de Télémaque (les), v. 3 a.
Aveugle et son bâton (l'), v. 1 a.
Avoués en vacances (les), 2 a.
Badigeon 1er, vau. en 2 actes.
Belle Limonadière (la), c.-v. 3 a.
Blanche et Blancheite, d.-v. 5 a.
Bonaparte, drame milit. en 5 a.
Bergère d'Ivry (la), d.-vau. 5 a.
Berline de l'Emigré (la), d. 5 a.
Brigands de la Loire (les), d. 5 a.
Biche au Bois (la), féerie, 18 tab.
Brelan de Troupiers (le), v. 1 a.
Boquillon, dr. 3 actes.
Benoit ou les deux cousins.
Bianca Cantarini, drame 5 actes.
Cabaret de Lustucru (le), v. 1 a.
Cachemire Vert (le), 1 a. A. Dumas.
Cas de Conscience (un), c. 3 a.
Cheval de Bronze (le), op. c. 3 a.
Cheval du Diable (le), dra. 5 a.
Châle Bleu (le), com. 2 actes.
Charlot, comédie en 3 actes.
Claude Stock, dra. en 4 actes.
Chauffeurs (les), drame en 5 a.
Château de Verneuil (le) d. 5 a.
Château de St-Germain (le), 5 a.
Chef-d'œuvre inconnu (le), 1 a.
Chiens du mont St-Bernard (les) drame en 5 actes.
Cromwell et Charles Ier, 5 a.
Caligula, tra. 5 a. A. Dumas.
Calomnie (la), com. 5 actes.
Chambre ardente (la), 5 actes.
Christine à Fontainebleau, dra.
Canal St-Martin (le), dra. 5 a.
Chevaux du Carrousel (les), 5 a.
Chevalier de St-Georges (le), 3 a.
Chevalier du Guet (le), c. 3 a.
Christophe le Suédois, d. 5 a.
Colombe et Perdreau, idv. 3 a.
Commis et la Grisette (le), vaud. en 1 acte.
Compagnons (les), ou la Mansarde de la Cité, drame en 5 actes.
Chevalier d'Harmental (le), dra. 5 a. Alex. Dumas et Maquet.
Conscrit de l'an VIII (le), c. 2 a.
Connétable de Bourbon (le), d. 5 a.
Comte Hermann (le), dra. 5 a. Alex. Dumas.
Chercheurs d'Or (les), dra. 5 a.
Camille Desmoulins, dra. 5 a.
Chevaliers du Lansquenet (les), drame en 5 actes.

Cravatte et Jabot, com.-vau. 1 a.
Croix de Malte (la), drame 3 a.
Chute des feuilles (la), pro. 1 a.
Chasseau chastre. A. Dumas.
Comte de Mansfield, dr. 4 actes.
Chevau-légers de la reine, 3 a.
Corde de pendu.
Deux Anges, c.-v. 3 actes.
Deux Amoureux de la grand'-mère (les), 1 acte.
Discrétion (une), com. 1 a.
Deux Serruriers (les) d. 5 a.
Demoiselles de Saint-Cyr (les), drame 5 actes, A. Dumas.
Deux Divorces (les), v. 1 a.
Demoiselle majeure (la), v. 1 a.
Domestique pour tout faire.
Dot de Suzette (la), d. 5 a,
Doigt de Dieu (le), dra. 1 a.
Don Juan de Marana. A Dumas.
Diane de Chivry, drame, 5 a.
Duchesse de la Vaubalière (la).
Élève de Saint-Cyr (l'), d. 5 a.
En pénitence.
Éclat de rire (l'), dra. 5 a.
École Buissonnière (l'), c.-v.
École du monde, 5 actes.
Éléphants de la Pagode (les).
Emma, comédie en 3 actes.
Empire (l'), 3 actes et 18 tabl.
Enfants d'Edouard (les), 5 a.
Enfants de Troupe (les), v. 2 a.
Enfants du Délire (les), v. 1 a.
Estelle, com. par Scribe, 1 acte.
Etre aimé ou mourir, com. 1 a.
Eulalie Granger, drame 5 actes.
En Sibérie, drame en 3 actes.
Entre l'enclume et le marteau.
Étoiles (les), vaudeville 5 actes.
Expiation (une), drame 4 actes.
Faction de M. le Curé (la), v. 1 a.
Famille du Mari (la), com. 3 a.
Frères corses (les) dra. 3 actes.
Famille Moronval (la), dra. 5 a.
Famil e du Fumiste (la), v. 2 a.
Fargeau le Nourrisseur, v. 2. a.
Fille à Nicolas (la), c.-v. 3 a.
Fille de l'Avare (la), c.-v. 2 a.
Fille de l'Air (la), féerie v.-v. 2 a.
Filets de Saint-Cloud (les) d. 5 a.
François Jaffier, dr. en 5 actes.
Frétillon, com.-vau. en 3 actes.
Fiole de Cagliostro (la), v. 1 a.
Folle de Waterloo (la) d.-v. 2 a.
Forte-Spada, drame en 5 actes.
Fabio le Novice, dr. en 5 actes.
Fils de la Folle (le), dr. en 5 a par F. Soulié
Fils d'une grande Dame (la), 2 a.
Fille du Régent (la), A. Dumas.
Ferme de Montmirail (la).
Garçon de recette (le), d. en 5 a
Gars (le), drame en 5 actes.

Gaspard Hauser, dr. en 5 actes.
Grand'Mère (la), 3 actes, Scribe.
Geneviève de Brabant, mélod.
Gazette des Tribunaux (la), v. 1 a.
Guerre de l'indépendance (la).
Guerre des Femmes.
Halifax, com. par Alex. Dumas.
Henri le Lion, drame en 6 act.
Homme du Monde (l').
Honneur dans le crime (l'), 5 a.
Honneur de ma mère (l'), 5 a.
Indiana et Charlemagne, 1 acte
Indiana, drame en 5 actes.
Ile d'amour (l'), c.-v. 3 actes.
Il faut que jeunesse se passe.
Impressions de voyage (les).
Japhet à la recherche d'un père.
Jacques le Corsaire, dr. 5 actes
Jacques Cœur, drame en 5 actes.
Jarvis l'honnête homme, d. 5 a.
Jeanne de Flandre, en 5 a
Jeanne de Naples, idem.
Jeanne Hachette, dr. en 5 actes.
Je serai comédien, com. 1 act.
Juive de Constantine (la), 5 a.
Jarnic le Breton, drame 5 actes.
Juillet, drame 3 actes.
Lestocq, op. com. 3 a.
Lectrice (la), c.-v. en 2 actes.
Léon, drame en 5 actes.
Lucio, drame en 5 actes.
Louisette, c.-v. en 2 actes.
Louise Bernard, Alex. Dumas.
Laird de Dumbiky (le), A. Dum.
Lorenzino, par Alex. Dumas.
Lescombat (la), d. en 5 actes.
Lucrèce, com.-vaudeville.
Le Lansquenet, vaudeville 2 a.
Madame Panache, c.-v. 2 actes.
Margot, vaudeville, 1 acte.
Mineurs de Trogolft (les), d. 3 a.
Mont-Bailly, drame, 4 actes.
Marco, comédie en 2 actes.
Misère (la), dr., 5 actes.
Maurice et Madeleine, 3 actes.
Marino Faliero, tragédie, 5 actes
Marie, comédie, 5 actes.
Mari de la veuve (le), A. Dumas.
Marguerite d'York, dr. 5 actes.
Marguerite de Quelus, idem.
Marguerite, vaudeville, 3 actes.
Mathias l'invalide, c.-v. 2 actes.
Madame et Monsieur Pinchon.
Marcel, drame en 5 actes.
Monk, drame en 5 actes.
Maîtresse de langues (la), v. 1 a.
Marquise de Senneterre (la).
Mathilde ou la Jalousie, 2 actes.
Monsieur et Madame Galochard.
Murat, drame, 5 actes et 16 tab.
Mari de la dame de chœurs (le).
Marquise de Prétintailles (la).
Madeleine, drame en 5 actes.

Manoir de Montlouviers (le), 5 a.
Main droite et main gauche (la).
Mademoiselle de la Faille, d. 5 a
Marché de Saint-Pierre (le), 5 a.
Marguerite Fortier, idem.
Maître d'école (le), c.-v. 2 actes.
Mémoires du diable (les), 5 a.
Mille et une nuits (les), 3 a. 16 t.
Moulin des tilleuls (le), 1 acte.
Ma maîtresse et ma femme, 2 a
Mon parrain de l'ontoise, 1 ac.
Mère de la débutante (la), 3 ac.
Mme Camus et sa demoiselle.
Marcelin, drame 5 actes.
Meunière de Marly (la), 1 acte.
Monsieur Lafleur.
Naufrage de la Méduse (le), 5 a.
Napoléon Bonaparte, A. Dum.
Nonne sanglante (la), dr. 5 actes.
Nouveau Juif-Errant (le), 3 actes.
Officier bleu (l'), dr. 5 actes.
Orphelins d'Anvers (les), idem.
Orangerie de Versailles (l'), 3 a.
Ouvrier (l'), 5 actes, F. Soulié.
Parisienne (une), c.-v. 2 actes.
Philippe III, tragédie 3 actes.
Paris au bal, vaudeville 3 actes.
Paris dans la comète, 3 actes
Peste noire (la), drame 5 actes.
Paysan des Alpes (le), dr. 5 actes.
Paul Jones, 5 actes, Alex. Dum.
Pauvre mère, dr. 5 actes.
Père Turlututu (le).
1res armes de Richelieu (les), 3 a.
Proscrit (le), 5 a. Fréd. Soulié.
Pauvre fille, idem.
Pascal et Chambord, 2 actes.
Paméla Giraud, 5 actes, Balzac.
Paul et Virginie, 5 actes.
Paris la nuit, idem.
Paris le bohémien, idem.
Plaine de Grenelle (la), 5 actes.
Pensionnaire mariée (la), v. 2 a.
Perruquier de l'empereur (le).
Pierre Lerouge, c.-v. 2 actes.
Pilules du diable (les), f. 18 tab.
Petites misères de la vie humaine.
Petit Tondu (le), 3 a. et 10 tab.
Pruneau de Tours, vaud. 1 acte.
Pauline, drame en 5 actes.
Pied de mouton (le), féerie.
Prince Eugène et l'Impératrice Joséphine (le), dr. 10 tab.
Prussiens en Lorraine (les), 5 a.
Pauline, châtiment d'une mère
Paris à cheval, c.-v. 3 actes.
Père Trinquefort, vaud. 2 actes
86 moins 1.
Quatre coins de Paris (les), 5 a
Qui se ressemble se gêne, v. 1 a
Quand l'amour s'en va.. v. 1 a
Renaudin de Caen, com. 2 actes
Riche et pauvre, drame 5 actes.

LES INCONVÉNIENTS DE LA SYMPATHIE

VAUDEVILLE EN UN ACTE

PAR

Mme ANAÏS SÉGALAS

REPRÉSENTÉ POUR LA PREMIÈRE FOIS, A PARIS, SUR LE THÉATRE DE LA GAITÉ,
LE 13 FÉVRIER 1854.

PERSONNAGES.		ACTEURS.
CYPRIEN	MM.	GALABERD.
LUDOVIC		COUTY.
SIR HOPKINS		FRANCISQUE.
BONTEMPS, notaire		JOSSE.
GASPARD, domestique		AUBRY.
SIDONIE	Mmes	CLARA.
CALISTE		MARIE CLARISSE.
DOLORÈS, tante de Sidonie et de Caliste		ANNA.

La scène se passe à Meudon, chez Dolorès.

Un salon ; porte au fond, donnant sur un jardin, portes latérales. — Une fenêtre à la gauche de l'acteur. — A droite, une table ; à gauche, une causeuse.

SCÈNE PREMIÈRE.

DOLORÈS, *puis* GASPARD.

DOLORÈS *est assise sur la causeuse, elle tient une romance et chante d'un air rêveur :*

La sympathie est le lien des âmes.

GASPARD, *entrant par le fond, et d'un ton très-joyeux.* Mademoiselle, mademoiselle, voici monsieur Bontemps, le notaire.

DOLORÈS. Ne soyez donc pas si gai, Gaspard ; c'est d'un mauvais genre.

GASPARD, *d'un ton lugubre.* Mademoiselle, voici monsieur Bontemps, le notaire. (*Il fait signe à Bontemps d'entrer, lui approche un fauteuil à côté de Dolorès et sort par le fond.*)

SCÈNE II.

BONTEMPS, DOLORÈS.

BONTEMPS, *s'asseyant.* Salut à la toute belle mademoiselle Dolorès ; j'apporte deux petits amours de contrats, de véritables Iliades du notariat. Quelles belles noces nous aurons dans huit jours ! tous vos amis de Paris seront à votre château de Meudon ; vous allez donc marier ces deux chères petites nièces?

DOLORÈS, *assise et d'un ton dolent.* Oui, maître Bontemps.

BONTEMPS. Je partage bien votre joie, mademoiselle Dolorès... je me sens tout allègre et tout content. (*Il rit.*) Hé ! hé ! hé !.... N'êtes-vous pas comme moi ?

DOLORÈS, *pleurant.* Oui.

BONTEMPS. Voilà cependant un oui qui pourrait être plus réjoui et plus épanoui. Mais je croyais que ces chères enfants faisaient des mariages d'inclination.

DOLORÈS, *pleurant.* Oui !

BONTEMPS. Il me semblait que ces deux unions ne laissaient rien à désirer... qu'on s'apportait mutuellement beaucoup d'amour

Les personnages sont inscrits en tête de chaque scène dans l'ordre où ils doivent être placés. Le premier inscrit occupe la droite de l'acteur. Les changements sont indiqués par des renvois.

et de donations, de bonheur et d'immeubles ; des maisons pures et fidèles et des cœurs sans hypothèques... je me trompe, des cœurs purs et fidèles et des maisons sans hypothèques !

DOLORÈS, *pleurant plus fort.* Oh ! oui !

BONTEMPS. Je croyais que le jour des contrats serait pour vous un jour de fête, et que vous seriez folle de joie.

DOLORÈS, *sanglotant.* Oh ! oui !

BONTEMPS. Alors c'est une joie humide et lacrymatoire. Je ne vous comprends pas, mademoiselle Dolorès.

DOLORÈS, *se levant vivement et croisant les bras.* C'est que vous ne comprenez rien, notaire ! C'est que votre étude pleine de paperasses n'est pas l'étude du cœur humain... c'est que vous avez une plaque de notaire à la place du cœur. *

BONTEMPS. Où allez-vous chercher tout cela ? C'est égal, c'est drôle, et ça ne me fâche pas. (*Riant.*) Hé ! hé ! hé !

DOLORÈS. Vous ne voulez pas que je pleure dans un moment si grave et si solennel ; quand je vais marier mes deux nièces, qui n'ont plus que moi au monde, quand je vais leur donner ma bénédiction maternelle !

BONTEMPS. Vous voulez dire tanternelle... eh ! eh ! eh !

DOLORÈS. Maître Bontemps !

BONTEMPS. Mademoiselle Dolorès !

DOLORÈS. Tout vous fait rire.

BONTEMPS. Tout vous fait pleurer. Que voulez-vous ? moi, je suis toujours content ; surtout lorsque je rédige des contrats de mariage. (*Riant.*) Eh ! eh ! eh ! cela me fait songer au mien.

DOLORÈS. Ah ! vous allez recommencer... vous savez bien que je ne veux pas me marier... Apprenez que j'ai refusé impitoyablement vingt prétendants.

BONTEMPS. Vingt prétendants !

DOLORÈS. Vous êtes le vingt et unième.

BONTEMPS. Le vingt et unième ! Mais pourquoi vous montrer si cruelle ?

DOLORÈS. Je ne comprends le bonheur qu'avec la sympathie ; il faut que le bien-aimé d'une femme reproduise, comme un second elle-même, son caractère, ses impressions, et qu'un mari soit un miroir.

BONTEMPS. Un mari..... un miroir..... Quelle étrange idée !

DOLORÈS. Moi, nature triste et désenchantée, rêveuse et éplorée, je cherchais ma ressemblance. Aucun de ceux qui se sont présentés n'avaient de sympathie avec moi !

Air : *Marthe la brune avait trois amoureux.*

Jeune et gentille
J'avais vingt amoureux.

* Dolorès, Bontemps.

BONTEMPS.

Dieu ! quel quadrille !
Quel escadron nombreux !

DOLORÈS.

L'un mangeait trop, et le troisième
Chantait comme un joyeux garçon,
Comme un pinson
Dans le buisson.
Mais j'adorai mon pâle dix-neuvième,
Il était beau ! d'une maigreur suprême,
Phthisique ; et blême !
Mais, peine extrême !
Il engraissa,
L'amour passa !

BONTEMPS, *riant.*

Ah ! ah ! ah ! ah ! ah !

DOLORÈS, *pleurant.*

Ah ! ah ! ah ! ah ! ah !

DOLORÈS *et* BONTEMPS, *ensemble, l'un riant l'autre pleurant.*

Ah ! ah ! ah ! ah ! ah ! ah ! ah ! ah ! ah ! ah !

DOLORÈS. Oh ! j'ai donné mes principes à mes deux nièces, et si elles se marient, c'est que chacune d'elles, plus heureuse que moi, a trouvé une âme semblable à la sienne. Sidonie, qui est vive, étourdie, irritable, impatiente, épouse Ludovic, qui est violent, volcanique, impétueux.....Voilà une union assortie.

BONTEMPS. Oui, comme l'union de la flamme et de la poudre... cela produira d'aimables effets !

DOLORÈS. Que vous êtes peu poétique !... Caliste, qui est lente, calme et paresseuse, épouse Cyprien, qui est nonchalant, oisif et flegmatique... Il faut de la sympathie.

BONTEMPS. Les affaires iront bien dans ce ménage-là ! Quand on veut marcher, et qu'il y a une béquille d'un côté, il faut au moins que de l'autre il y ait une jambe alerte.

DOLORÈS. Vous ne comprenez rien à la sympathie ! (*On entend un meuble tomber dans la coulisse.*) Mais je crois que j'entends Sidonie.

SCÈNE III.

DOLORÈS, SIDONIE, BONTEMPS.

SIDONIE, *entrant par la droite.* Ah ! vous voilà, ma tante ! je suis dans une colère contre ma femme de chambre...

DOLORÈS. Chère enfant !

SIDONIE, *lui sautant au cou.* Bonjour, ma petite tante.

DOLORÈS, *changeant de ton.* Prends garde, tu m'étouffes.

SIDONIE. Bonjour, maître Bontemps ; vous

vous portez bien?... moi aussi, très-bien, je vous remercie. Eh bien, ma sœur n'est pas ici! (*Appelant.*) Caliste! (*A Dolorès.*) A-t-on apporté nos corbeilles de mariage?... je vais les demander à Gaspard... (*Allant au fond.*) Gaspard! (*A Bontemps.*) Vous riez, vous riez... il n'y a pas de quoi rire (*Appelant.*) Caliste!... mais viens donc, paresseuse.

SCÈNE IV.

DOLORÈS, SIDONIE, CALISTE, BONTEMPS.

CALISTE, *entrant par la gauche et étendant les bras* Ah! je suis encore tout endormie.

SIDONIE. Encore endormie!..... à une heure!

CALISTE. Oh! moi je ne me lève pas avec le soleil, j'aimerais mieux me lever avec les étoiles.

AIR : *Sans murmurer.*

J'aime à dormir, c'est un bonheur insigne;
J'aime un fauteuil, où l'on peut s'assoupir,
Le Moniteur, sa lecture bénigne,
L'Académie et la pêche à la ligne.
J'aime à dormir. (*bis.*)

(*En finissant le dernier vers, elle va s'asseoir sur la causeuse.*)

DOLORÈS. Mes nièces bien aimées, le moment de votre mariage est à la fois doux et cruel pour moi. Laissez-moi vous presser sur mon cœur. (*Sidonie s'élance vers elle, Caliste ne bouge pas.*) Viens, Caliste.

CALISTE, *à part.* C'est dommage, on était bien sur cette causeuse. (*Elle se lève.*)

DOLORÈS. Chères enfants, je sens que je m'attendris et que les larmes...

BONTEMPS, *à part.* Bien, voilà les pompes qui vont jouer.

DOLORÈS. Mes enfants, au moment de quitter le toit maternel...

BONTEMPS. Tanternel.

DOLORÈS. Taisez-vous donc.... Ecoutez les conseils et les leçons de votre tante : la vie est triste comme un drame plein de larmes.

SIDONIE, *qui a quitté Dolorès pour aller au fond.* Gaspard!... Allez toujours, ma tante, je vous écoute. (*Dolorès, qui dépliait son mouchoir, le remet dans sa poche et fait signe qu'elle renonce à parler.*)

SCÈNE V.

LES MÊMES, GASPARD, *tenant deux corbeilles de mariage.*

SIDONIE. C'est bien heureux!...

GASPARD, *joyeusement.* Me voici, mademoiselle; j'apporte les deux corbeilles.

DOLORÈS. Je vous ai déjà dit, Gaspard, que je n'aimais pas ce ton joyeux et évaporé.

GASPARD, *tristement.* J'apporte les deux corbeilles.

SIDONIE, *près de la table.* Pose-les donc vite ! *

GASPARD, *vivement.* Oui, mademoiselle. (*Il fait quelques pas vivement et se heurte contre un fauteuil.*)

CALISTE. Va donc plus doucement, Gaspard !

GASPARD, *marchant lentement.* Oui, mademoiselle.

SIDONIE. Mais va donc plus vite !

GASPARD. Oui, mademoiselle. (*Il court vers la table et renverse les deux corbeilles et ce qu'elles contiennent.*)

CALISTE. Tu es réellement trop vif, Gaspard... Donne-moi ce châle et aide-moi à le remettre dans ses plis.

GASPARD, *pliant doucement le châle avec elle.* Oui, mademoiselle... moi, d'abord, je suis calme et soigneux !

SIDONIE. Oh! quel sang-froid! Ramasse donc vivement tous ces objets!

GASPARD, *très-vivement.* Tout de suite, mademoiselle; moi, voyez-vous, je suis très-vif et très-actif.

SIDONIE. Allons donc ! (*Elle ramasse avec lui les objets tombés et lui en charge les bras et les épaules.*) Porte tout cela dans nos chambres. (*Gapard sort par la droite, Sidonie, qui a ramassé le châle, le plie avec Caliste.*)

SCÈNE VI.

DOLORÈS, BONTEMPS, SIDONIE, CALISTE.

BONTEMPS, *bas à Dolorès.* Je reviendrai tantôt, pour la signature des contrats. Quand pourrai-je donc rédiger le nôtre, ô belle Dolorès ?

DOLORÈS. Quand vous n'aurez plus ce rire agaçant.

BONTEMPS, *riant.* Eh! eh! eh! tout le monde ne sait pas pleurer; il en est des caractères comme des jours, il y en a de secs et d'humides... Le vôtre est toujours à la grande pluie.

* Sidonie, Gaspard, Caliste, Dolorès, Bontemps.

Air : *Il pleut, il pleut, bergère.*

Il pleut, il pleut, bergère,
Des larmes de vos yeux.
L'averse sait vous plaire,
Mieux qu'un soleil joyeux !
On voit nager dans l'onde
Votre humide regard.

(*A part.*)

Dolorès vint au monde
Le jour de Saint-Médard !

SIDONIE. Mais nous perdons notre temps. Au moment d'un double mariage, nous avons tant d'occupations.

CALISTE, *allant s'asseoir sur la causeuse.* Il est certain que nous avons mille choses à faire.

BONTEMPS. Je...

SIDONIE, *lui donnant les contrats.* Vous, monsieur le notaire, vous allez finir les contrats !

DOLORÈS. Ma douce enfant...

SIDONIE. Vous, ma petite tante, venez avec moi faire quelques préparatifs. Oh ! que je suis heureuse !... Comme nous danserons dans huit jours !

CALISTE. Si !

SIDONIE. Tu danseras aussi, toi ! (*Elle chante en faisant quelques pas de polka.*)

Air *de Polka* (de M. Fossey).

Moi, je suis folle,
Vive et frivole,
Je polke et vole,
C'est là tout mon bonheur.
J'aime la danse
Et sa cadence,
Mon pied s'élance,
S'élance avec mon cœur.

(*A Caliste.*) Viens donc ! (*Elle prend Caliste qu'elle force à danser.*)

ENSEMBLE.

CALISTE, DOLORÈS, BONTEMPS.

Danser, c'est vivre,
Polker l'enivre ;
Elle peut suivre
Les papillons,
Les hirondelles
Et les gazelles,
Les sauterelles
Et les wagons.

SIDONIE.

Danser, c'est vivre,
Polker m'enivre ;
Je pourrais suivre
Les papillons,
Les hirondelles
Et les gazelles,

Les sauterelles
Et les wagons.

(*Caliste se jette sur la causeuse, Sidonie prend Bontemps.*)

SIDONIE.

Moi, je suis folle, etc.

CALISTE, BONTEMPS *et* DOLORÈS.

Comme elle est folle
Vive et frivole,
Comme elle vole !
Vraiment tout son bonheur
Semble la danse
Et sa cadence ;
Son pied s'élance,
S'élance avec son cœur.

(*Sidonie quitte Bontemps, prend Dolorès et sort avec elle en dansant. Bontemps fait le geste de danser avec Caliste qui se rejette sur la causeuse et semble épouvantée. Alors Bontemps sort par le fond en dansant seul.*)

SCÈNE VII.

CALISTE, *puis* CYPRIEN.

CALISTE, *seule.* Ah ! c'est étourdissant !... où trouver le repos, le calme !... Tout remue, s'agite, polke, danse et tourne autour de moi.

Air : *Les dieux s'en vont.* (Nadaud.)

Ma sœur, qui toujours me dérange,
Me fait polker sans s'arrêter.
L'autre jour, un agent de change
Prit mon argent, le fit sauter.
Si, pour chercher quelque objet stable
Qui ne vienne pas m'entraîner,
Je veux m'appuyer sur ma table,
Ma table se met à tourner. (*bis.*)

(*Elle va s'asseoir sur la causeuse.*)

CYPRIEN, *entrant et s'essuyant le front.* Je n'en puis plus !... Aussi pourquoi me suis-je logé à l'autre bout de Meudon ! Au moins, quand je serai marié, j'aurai le bonheur à domicile. (*S'avançant très-lentement.*) Bonjour, ma charmante fiancée ; j'accours près de vous.

CALISTE. Je vous attendais très-impatiemment.

CYPRIEN, *approchant un fauteuil et s'asseyant.* Vous allez donc être ma petite femme. Que nous serons heureux !... D'abord je ferai tout ce que vous voudrez. Cela m'épargnera la peine d'avoir une volonté. Je veux vivre à vos genoux, ma gentille fiancée.

CALISTE, *lui faisant signe de se mettre à genoux.* Eh bien, monsieur, je ne vous en empêche pas.

CYPRIEN, *à part.* J'aurais préféré me reposer, mais il faut laisser mon fauteuil pour obéir à ma bergère. (*Il se met à genoux sur un tabouret. Haut.*) Chère Caliste !

CALISTE. C'est bien... Donnez-moi donc

ce tabouret. (*Il le lui donne.*) Moi, j'aime les esclaves : dans les colonies, j'aurais voulu des nègres; en France, je ne suis pas fâchée d'avoir un nègre blanc.

CYPRIEN, *s'appuyant contre le fauteuil.* Il est à vos pieds. (*A part.*) Je suis bien fatigué pourtant. (*Haut.*) Si l'on m'avait refusé votre main, j'en serais devenu fou de désespoir... car je suis très-exalté, sans que cela paraisse. Plutôt que de renoncer à vous j'aurais été capable de vous enlever... (*A l'aide de ses deux mains qu'il appuie contre le fauteuil, il se soulève et s'assied.*) Mon Dieu, oui, de vous enlever, car j'ai pour vous un amour volcanique et brûlant.

CALISTE, *souriant.* Sans que ça paraisse... comme cette chaleur absorbe et fatigue... Donnez-moi, je vous prie, cet éventail qui est sur la table.

CYPRIEN, *à part, après avoir allongé la main vers la table sans pouvoir atteindre l'éventail.* Me déranger quand j'étais si bien! (*Se levant et allant chercher l'éventail.*) Quel rude métier que celui d'amoureux! Un prétendu est un commissionnaire sans médaille.

CALISTE. Merci! (*Il va pour s'asseoir.*) Ah! soyez assez bon pour me donner aussi ce flacon qui est là-bas, sur la toilette.

CYPRIEN. Là-bas!... (*Il porte son fauteuil au fond, s'assied et dit à part.*) Elle me fait aller et venir comme un omnibus. (*Il regarde du côté de la fenêtre, se lève et s'écrie.*) Ah! mon Dieu! il va se tuer!

CALISTE, *se levant.* Se tuer! Mais qui donc?

CYPRIEN. Un homme qui est près de la grille de votre parc. Il tient un pistolet... il le charge.

CALISTE, *se levant et passant à droite.* Un pistolet... Un suicide... sous nos yeux!

CYPRIEN. Monsieur, laissez cette arme.

SIR HOPKINS, *en dehors.* Mêlez-vos de vos affaires, je étais le maître de tuer moa.

CALISTE. Il faut l'en empêcher... Allons vite. (*Elle remonte.*)

CYPRIEN, *remontant avec elle.* Oui, hâtons-nous! (*S'arrêtant au fond.*) Il est déplorable de voir combien il y a de suicides depuis quelque temps!

CALISTE, *lui prenant la main et lui faisant redescendre la scène.* Croiriez-vous que ce matin encore, il y en a eu cinq?

CYPRIEN. Cinq!

CALISTE. Oui, dans le Constitutionnel.

CYPRIEN. Après cela, c'étaient peut-être des canards sanguinaires. Il y en a quelquefois qui nagent dans le fleuve des nouvelles diverses. Mais nous oublions ce malheureux qui veut se tuer... Allons...

CALISTE, *redescendant et tombant sur un*

fauteuil à droite. Se tuer! Monsieur Cyprien! venez à mon secours; il me semble que je vais me trouver mal.

CYPRIEN. Un peu de fleur d'oranger vous calmerait peut-être?

CALISTE. Je le crois.

CYPRIEN. Quel embarras! C'est que je n'ai guère le temps de vous préparer un verre d'eau sucrée. Si vous pouviez attendre un petit quart d'heure. (*Allant à la fenêtre.*) Et vous aussi, monsieur, attendez un petit instant... Eh bien! il n'est plus là!

SCÈNE VIII.

CALISTE, CYPRIEN, LUDOVIC, *entraînant* SIR HOPKINS.

LUDOVIC, *très-vivement.* Mais venez donc, monsieur. Remettez-vous, calmez-vous, asseyez-vous et donnez-moi ce pistolet. (*Il le lui arrache.*)

SIR HOPKINS. Mais, monsieur, vos étiez vif comme le poudre de cette petite arme.

CYPRIEN, *à Caliste.* C'est singulier; mon ami Ludovic, le prétendu de votre sœur, m'a devancé. (*A Ludovic.*) Mais comment as-tu fait?

LUDOVIC. Eh! parbleu! quand un danger menace quelqu'un, on s'élance, on bondit, on court, on se précipite comme l'éclair, la flèche, le daim, le chevreuil, la pensée et la locomotive.

CALISTE. A la bonne heure! moi j'aime la vivacité.

CYPRIEN. Et moi aussi, mademoiselle.

CALISTE. Savez-vous bien que si je me trouve en danger, je ne pourrai guère compter sur vous.

CYPRIEN, *à part.* Je pourrais lui en dire autant. (*Sir Hopkins a voulu inutilement reprendre son pistolet. Ludovic le pose sur la table.*)

SIR HOPKINS, *à Ludovic.* Vos avez sauvé le existence à moa, mosieu, et j'en étais infiniment...

LUDOVIC. Reconnaissant? il n'y a pas de quoi.

SIR HOPKINS. No... contrarié.

CALISTE, *riant.* Quel original! il a l'air un peu timbré!

SIR HOPKINS. Timbré! est-ce qu'elle prenait moa pour un journal?

SIDONIE, *appelant dans la coulisse.* Caliste! Caliste! Caliste!

CALISTE. Bon! voilà ma sœur qui m'appelle. (*A Cyprien.*) Je vous le répète, j'aime la vivacité. (*Elle sort lentement. Cyprien après l'avoir reconduite, vient s'asseoir sur la causeuse.*)

SCENE IX.

LUDOVIC, SIR HOPKINS, CYPRIEN.

SIR HOPKINS, *à Ludovic*. Vous ne voulez pas me rendre cette petite pistolette ?

LUDOVIC. Non, certes !

SIR HOPKINS, *remontant*. Alors je allais demander le chemin de le rivière.

LUDOVIC. Mais vous avez donc une douleur bien grande, un désespoir bien réel.

SIR HOPKINS. Oh ! yes ! je volais tuer moa parce que je povais pas trover le numéro quatorze.

CYPRIEN, *stupéfait*. Le numéro quatorze ! est-ce un billet de la loterie picarde !

SIR HOPKINS. No... Le numéros quatorze, c'est une femme.

LUDOVIC. Pour le coup, ceci devient curieux, et vous nous ferez bien la grâce de nous expliquer...

SIR HOPKINS. Je volais bien. Comme personne ne m'attend dans l'autre monde, je avais le temps de me tuer. Imaginez-vos qu'un jour je promenais moa au picture saloon.

CYPRIEN. Au Musée.

SIR HOPKINS. Yes. Je regardais les tebleaux, lorsque tôt à cop j'aperçus un charmant portrait : c'était une femme en robe de mosseline ; un portrait en pied avec un teint et des souliers de satin blanc.

Air de Lantara.

Sa main était mignonne et blanche,
Avec de petits doigts de lis ;
L'Angleterre au bord de sa Manche
N'a pas des doigts aussi jolis.
Cendrillon aurait été vaine
De son pied cambré devant moi :
Elle avait une main de reine,
Mais sans avoir un pied de roi.

Je consultai le petit livre du Musée, et je ne vis que le numéro du tableau : numéro quatorze, portrait de mademoiselle B ... pas de nom, pas de indicationne. O doleur ! je étais amoureux d'une lettre de l'alphabet !

LUDOVIC, *riant*. En vérité !

CYPRIEN. Comment !

SIR HOPKINS. Je ne riais pas, moa. Quand je courus chez le peintre, il était parti pour le Italie. Il fallut renoncer à connaître mon adorée.

LUDOVIC. Je vous engage à accepter les consolations des autres lettres de l'alphabet.

SIR HOPKINS. Jamais ! qui peut valoir celle que je cherche ?... Quand j'ouvre un dictionnaire french, je trouve à la lettre **B** belle, bonne, brillante !

LUDOVIC, Prenez garde ! vous trouvez aussi borgne, bossue, boiteuse et bancale.

SIR HOPKINS. Monsieur, vous insultez la lettre **B**.

LUDOVIC, *haussant les épaules*. Moi, j'insulte...

SIR HOPKINS, *très-haut*. Oui, mosieur, je prétends !

LUDOVIC. Ah ! mais, vous le prenez sur un ton...

SCÈNE X.

LUDOVIC, SIDONIE, SIR HOPKINS, CYPRIEN.

SIDONIE, *au fond*. Une dispute.

SIR HOPKINS. C'est que je ne suis pas endurant, mosieur.

LUDOVIC. Ma foi, monsieur, ni moi non plus.

CYPRIEN, *se levant*. Voyons, pas de querelle !

SIDONIE, *s'avançant*. De grâce, Ludovic, calmez-vous !

LUDOVIC. Quoi ! vous étiez là ! Je vous en supplie, éloignez-vous, laissez-moi lui répondre.

SIDONIE. Non ; Dieu sait où s'arrêterait la dispute. Il faut beaucoup de circonspection dans toutes vos réponses, beaucoup de douceur. Je m'en charge.

LUDOVIC, *très-haut*. C'est un original !

SIDONIE. Laissez-moi donc arranger cela.

SIR HOPKINS. Un originel !

SIDONIE, *à sir Hopkins*. Apaisez-vous ! il faut que l'entente cordiale règne entre la France et l'Angleterre.

SIR HOPKINS. Je suis fâché de le dire devant vos, miss ; mais si je suis un originel, il est un impertinent.

SIDONIE. Un impertinent ! oser le traiter ainsi !

LUDOVIC. Pour le coup, je ne suis pas d'humeur à souffrir...

SIDONIE. Laissez-moi donc arranger cela. (*A sir Hopkins.*) Savez-vous bien que si vous le trouvez impertinent, moi, je vous trouve parfaitement inconvenant et ridicule.

SIR HOPKINS, *irrité*. Ridicoule !

CYPRIEN. Ma chère belle-sœur, ne vous mêlez pas de tout ceci ; vous vous jetez au milieu d'une querelle comme une pierre sur un chemin de fer ; vous allez faire tout dérailler.

SIR HOPKINS. Ridicoule !... O miss ! si vous n'étiez pas du sexe beautiful, mais de celui qui va aux électionnes et qui tire à la conscriptionne , je dirais à vos que vos avez des termes très-impolis.

LUDOVIC, *irrité*. Monsieur, je vous prierai de parler à mademoiselle avec le ménagement et le respect que vous lui devez.

SIDONIE. Mais taisez-vous donc , puisque j'arrange cela... (*A sir Hopkins, avec colère.*) Eh bien ! monsieur, si j'étais du sexe qui tire à la conscription , je ne me laisserais pas insulter, et je vous demanderais raison !

SIR HOPKINS. Oh ! la petite femme, elle avait dans les veines deux grandes fioles de vitriol et de vif-argent !

LUDOVIC. A la fin, monsieur...

SIDONIE. Mais taisez-vous donc , j'arrangerai cela. (*A sir Hopkins.*) Je vous préviens que je ne me connais plus... je ne suis plus maîtresse de moi.

SIR HOPKINS. Oh ! le petite femme, il prenait feu comme une allumette chimique.

SIDONIE. C'en est trop ! (*Elle lui donne un soufflet.*)

CYPRIEN. C'est comme cela qu'elle arrange les querelles.

SIR HOPKINS, *furieux*. Oh ! un soufflet à moa ! (*Passant près de Ludovic.*) Mosieur, vous me avez donné un soufflet par procurationne, vous en rendrez raison à moa.

LUDOVIC. A l'instant, monsieur.

SIDONIE. Un duel, et par ma faute !

ENSEMBLE.

AIR : *C'en est trop, mon honneur.* (Philippe.)

SIR HOPKINS.

Ah ! sortons ! quel soufflet !
Quel affront ! quel outrage !
Nous prendrons, s'il vous plaît,
Epée ou pistolet.
Nos miss ont en partage
Beaucoup plus de douceur ;
Sans frapper le visage
Elles touchent le cœur.

LUDOVIC.

Oui, sortons, ce soufflet
Vous paraît un outrage ;
Nous prendrons, s'il vous plaît,
Epée ou pistolet.
Si peut-être en partage
Elle a peu de douceur,
Et vous frappe au visage,
Elle a touché mon cœur.

SIDONIE.

Quoi ! vraiment ce soufflet
Lui paraît un outrage !
Ils prendront, c'en est fait,
Epée ou pistolet.

Si j'avais en partage
Le calme et la douceur,
Sans frapper le visage,
Je toucherais le cœur.

CYPRIEN.

Ah ! grand Dieu ! quel soufflet !
Quel affront ! quel outrage !
Ils prendront, c'en est fait,
Epée ou pistolet.
Il est vrai qu'en partage
Elle a peu de douceur,
Et frappe le visage,
Mais en touchant le cœur.

(*Sir Hopkins et Ludovic remontent et vont sortir.*)

CYPRIEN, *les arrêtant*. Un instant ! (*A sir Hopkins.*) Monsieur, voulez-vous me faire l'honneur de m'accorder quelques minutes d'entretien ?

SIDONIE. Que prétend-il faire ?

SIR HOPKINS. Je volais bien, mosieur.

LUDOVIC. Pourquoi me retenir ?

CYPRIEN. Fais-moi l'amitié de t'en aller pendant cinq minutes.

SIDONIE, *à part*. Oh ! je le guetterai, et quand il viendra rejoindre cet Anglais, je serai là aussi, moi.

CYPRIEN. Et vous aussi, mademoiselle, allez-vous-en.

SIDONIE. Mais je m'en vais. (*Elle sort à droite.*)

SCÈNE XI.

SIR HOPKINS, CYPRIEN.

CYPRIEN. (*Il approche deux fauteuils et fait signe à sir Hopkins de s'asseoir. S'asseyant.*) Ne trouvez-vous pas, monsieur, que la France est un beau pays?... Y a-t-il longtemps que vous y êtes ?

SIR HOPKINS. No... il y avait très-peu de times... Mais je ne comprends pas...

CYPRIEN. Avez-vous eu le temps d'étudier nos mœurs et nos usages ?

SIR HOPKINS. No... je ne les connais pas du tout.

CYPRIEN, *à part*. C'est bon à savoir... je vais lui en donner de ma façon. (*Haut.*) Eh bien ! en fait de duel, nous avons un usage fort juste, mais qui pourra vous sembler un peu étrange... nous voulons que les chances soient parfaitement égales entre les deux adversaires, et que l'existence de l'un soit aussi précieuse que celle de l'autre. Si, par exemple, l'un des deux est un homme marié, et doit en succombant ruiner une veuve inconsolable, qui ne continue pas son commerce , il ne peut pas se battre avec un garçon, être dépareillé, qui ne laisse rien après lui. Nous poussons si loin cette loi d'égalité que si, après le duel convenu, l'un des deux champions fait part à l'autre de la naissance d'un enfant, le duel est différé, jusqu'à ce que l'autre adversaire soit à son tour père de famille.

SIR HOPKINS. Mais ce jeune homme et moi, nous sommes tous deux garçonnes.

CYPRIEN. Oh ! quelle différence ! Vous, monsieur, vous n'avez pas trouvé votre numéro 14. Vous êtes donc seul au monde.

SIR HOPKINS, *soupirant.* Oh ! yes.

CYPRIEN. Tandis que mon ami signe aujourd'hui même son contrat de mariage avec cette jeune fille qui sort d'ici. Assurément, s'il succombait, sa fiancée se jetterait par la fenêtre, car vous avez pu voir qu'elle a un caractère très-exalté.

SIR HOPKINS. Oh ! yes, et elle a aussi la main très-exaltée.

CYPRIEN. Vous ne pouvez donc pas vous battre avec lui, sans avoir également la chance de laisser après vous une fiancée qui se jetterait par la fenêtre, ou même dans la rivière... on ne tient pas rigoureusement à une douleur identique.

SIR HOPKINS. Oh ! mais si je n'obtenais pas vengeance du soufflet, je serais déshonoré !

CYPRIEN. Alors mariez-vous. (*A part.*) D'ici là leur colère se calmera.

SIR HOPKINS. Au fait, ce ne serait pas être infidèle au numéro 14, puisque je dois me tuer ou me faire tuer aujourd'hui. (*A Cyprien.*) Pour ne pas différer le duel, je volais marier moâ tout de suite.

CYPRIEN. C'est difficile !

SIR HOPKINS. Il n'y avait pas ici une femme célibataire... une femme garçonne ?

CYPRIEN. Une femme garçon ?... Je ne vois pas.

DOLORÈS, *dans la coulisse.* Laisse-moi, ma chère Caliste, je veux rêver et pleurer seule.

CYPRIEN. Ah ! j'oubliais... il y a une tante.

SIR HOPKINS. Rien qu'un tante... Je aimais mieux les niaises que les tantes... C'est égal puisque je pouvais pas choisir, je épouserai le tante.

CYPRIEN. En vérité ! (*A part.*) Nous n'en gagnerons pas moins quelques jours, et après cela... (*Il voit entrer Dolorès et dit bas à sir Hopkins.*) Voilà votre fiancée.

DOLORÈS, *à part.* Je ne connais pas ce monsieur.

SIR HOPKINS, *à part à Cyprien.* Présentez-moa.

CYPRIEN, *prend la main de sir Hopkins, qui s'incline sans regarder Dolorès.* Mademoiselle, permettez-moi de vous présenter un ami, (*à part*) dont je ne sais pas le nom. (*Pendant que sir Hopkins salue et que Dolorès fait la révérence, il remonte la scène. — A part.*) Cherchons Ludovic pour l'empêcher de venir jusqu'ici. (*Il sort par le fond.*)

SCÈNE XII.

SIR HOPKINS, DOLORÈS.

SIR HOPKINS, *s'inclinant et parlant sans lever la tête.* Mademoiselle le tante, je me nomme sir Hopkins. Je étais propriétaire de trente-cinq printemps, de quatre maisons à London, situées à Oxford-street, d'un équipage, de deux chevaux anglais et d'une famille honorable. Je avais des raisons pour marier moâ tot de suite. Je venais demander vô en mariage, et vô offrir mon nom, mes quatre maisons, mon respect et mes deux chevaux anglais, avec lesquels j'ai l'honneur d'être votre très-humble serviteur.

DOLORÈS. Cette brusque demande... Je suis tout émue...

SIR HOPKINS. Je attends le réponse. (*Relevant la tête et jetant un cri.*) O God ! le numéro 14 !

DOLORÈS. Plaît-il ?

SIR HOPKINS. Oh ! ce était trop de félicité !... Voilà bien ses traits et son petite bouche qui avait l'air d'une rose pompon.

DOLORÈS. Mais, monsieur...

SIR HOPKINS, *à part.* Elle était pourtant plus jeune et plus jolie au picture saloon.

DOLORÈS. De grâce ! expliquez-vous ; toute cette scène m'étonne et m'émeut à un point... Ah ! j'ai peur de m'évanouir.

SIR HOPKINS, *la soutenant et fléchissant lui-même.* O séduisant numéro 14 !

DOLORÈS. Vous m'appelez numéro 14... Avez-vous perdu la tête ? Je ne comprends pas...

SIR HOPKINS. Ah ! c'est juste... O ravissante lettre B, la plus belle de l'alphabet !

DOLORÈS. Numéro 14 !... lettre B !... Mais c'est un fou !

SIR HOPKINS, *très-tendrement.* No ! oh ! no ! (*Changeant de ton.*) Vous avez été exposée ?

DOLORÈS, *minaudant.* Exposée... quelle étrange demande ! mais, monsieur, dans ce monde pervers et séducteur, une femme, qui n'est pas tout à fait dépourvue de grâce et d'attraits, est toujours plus ou moins exposée.

SIR HOPKINS. Je voulais dire exposée dans le picture saloon.

DOLORÈS. Au musée, sans doute ? C'est bien différent ! Oui, monsieur, mon portrait a été au musée.

SIR HOPKINS. Et il portait le numéro 14 ?

DOLORÈS. Oui, précisément.

SIR HOPKINS. Et l'on avait mis sur le petit livre : Portrait de Mlle B*.

DOLORÈS. Certainement, mademoiselle Bérinval, Dolorès Bérinval.

SIR HOPKINS. Vous voyez bien que je trompais pas moâ. Vous saurez qu'en levant les yeux sur votre portrait, je fus incendié par votre beauté loumineuse.

AIR : *Dans un vieux château de l'Andalousie.*

En vous, tout est grâce, éclat, innocence,
Numéro quatorze, où loge mon cœur ;
Ce beau numéro n'a point d'assurance
Contre l'incendie et son feu vainqueur.
Mais là, pour toujours, mon amour s'arrête ;
De ce numéro si je prends congé,
Si l'on voit changer mon cœur et mon tête,
On dira : Son tête a déménagé !

DOLORÈS, *flattée.* Quoi ! un amour si subit, si passionné, à la seule vue d'un portrait !... Vous êtes un homme singulier.

SIR HOPKINS. Que voulait dire cette expressionne ?... Ah ! dans le grammaire ce était un nombre ; elle m'appelle singulier parce que je vis seul : un garçonne est un homme singulier... O céleste numéro 14 ! soyez mon petite femme, afin que je me mette au pluriel.

DOLORÈS. Votre femme ! Vous êtes le vingt-deuxième qui me faites cette demande... Assurément votre amour exalté me touche jusqu'aux larmes !

SIR HOPKINS. O bonheur ! (*A part et comme frappé d'une idée subite.*) O ciel ! et ce douel que j'oubliais... N'épouser le numéro 14 que pour le rendre veuf... O désespoir ! (*Dolorès, qui avait remonté la scène, redescend et lui prend le bras brusquement.*)

DOLORÈS. Mais je veux savoir avant tout si la divine sympathie nous réunit. Êtes-vous comme tant de gens insouciants et sans cœur, qui prennent la vie pour un joyeux vaudeville entremêlé de chansons ?

SIR HOPKINS, *lui prenant la main dramatiquement.* No ! l'existence est un drame lougoubre. L'acteur le plus heureux au commencement de la pièce, souvent, au dénoûment, tombe frappé par une balle qui fait polker son cervelle.

DOLORÈS, *avec emphase.* Oh ! c'est beau ce que vous dites là ! vous êtes malheureux ! oh ! dites-moi que vous êtes malheureux !... toutes les âmes d'élite sont dévastées. Je l'espère enfin, j'ai trouvé l'âme sœur de mon âme, et quand je vous dirai : L'existence est amère. Vous me répondrez ?

SIR HOPKINS. Fatale !

DOLORÈS. C'est une coupe de fiel.

SIR HOPKINS. Et de poisonne !

DOLORÈS. Oh !... Voici ma main, sir Hopkins ; elle est à vous !

SIR HOPKINS. O divine Dolorès ! (*A part.*) Et penser qu'il faudra peut-être morir !

DOLORÈS, *passant à droite.* Faible femme que je suis... je l'aime, ô mon Dieu ! je l'aime cet homme !... je me sens attendrie. . (*Pleurant.*) Quels jours heureux nous passerons ensemble ! quels doux entretiens ! (*Elle tire son mouchoir et s'essuie les yeux.*)

SIR HOPKINS, *tirant aussi son mouchoir et s'essuyant les yeux.* Oh ! yes nous serons dans le jubilationne !

DOLORÈS. Dans la félicité !

DOLORÈS.

AIR : *Muse des jeux et des accords champêtres.*
Mon bonheur même est humide et sensible,
J'aime à pleurer.

SIR HOPKINS.

Pleurons, ô mon amour !

DOLORÈS.

La vie est donc comme un drame terrible...

SIR HOPKINS.

Du grand Shakspeare...

DOLORÈS.

Ou de Pixérécourt.

SIR HOPKINS.

O mon soleil ! ô mon astre sublime !
Brillez parmi les brouillards de mon cœur !
Soyez ma fleur sur le bord de l'abîme...

DOLORÈS.

Vous, mon cyprès ou mon saule pleureur.

SIR HOPKINS.

Moi son cyprès ou son saule pleureur.

(*Il tombe aux genoux de Dolorès.*)

SCÈNE XIII.

LUDOVIC, SIR HOPKINS, DOLORÈS.

LUDOVIC, *allant à sir Hopkins.* Monsieur..

SIR HOPKINS, *à part, sans se lever.* Il va voir qu'il avait affaire à un homme de cœur. (*Se relevant.*) Monsieur, je avais l'honneur de faire part à vos de mon mariage avec le numéro 14.

LUDOVIC. Eh bien, monsieur, qu'est-ce que cela me fait ?

SCÈNE XIV.

LUDOVIC, SIDONIE, CYPRIEN, SIR HOPKINS, DOLORÈS.

SIDONIE, *entrant par le fond avec Cyprien.* Je vous le disais bien ! les voilà réunis !

CYPRIEN. Soyez tranquille; à présent qu'ils ont eu le temps de se calmer, j'en ferai ce que je voudrai.

LUDOVIC, *à part à sir Hopkins.* Allons, monsieur. (*Ils font quelques pas pour sortir.*)

SIDONIE, *les arrêtant.* Vous ne sortirez pas ! (*Passant près de Dolorès.*) Ma tante, ils vont se battre !

DOLORÈS. Un duel ! ô désespoir !

SIR HOPKINS, *à Ludovic.* Venez.*

CYPRIEN, *les arrêtant.* Un moment ! (*A sir Hopkins.*) Vous avez reçu un soufflet et vous en demandez satisfaction ?

SIR HOPKINS. Oh ! ce était pas cela. Je n'en aurai jamais de la satisfactionne.

CYPRIEN. Je veux dire réparation. Rien au monde n'est plus juste, et vous obtiendrez sur-le-champ ce que vous désirez.

SIDONIE. Mais que dites-vous donc ?

CYPRIEN. Oh ! pour le coup, mademoiselle, laissez-moi arranger cela.

SIDONIE, *à Dolorès.* Mais j'aurais très-bien arrangé cela.

CYPRIEN, *à sir Hopkins.* Je vous ferai remarquer seulement que ce n'est pas monsieur qui vous a donné le soufflet; mais mademoiselle, c'est donc elle qui vous doit la réparation.

SIR HOPKINS. Oh ! oh ! ce était vrai !

LUDOVIC, *riant.* Quelle idée !

DOLORÈS. Elle ! une faible femme !

SIDONIE. Et pourquoi pas ?... J'irai chez Grisier... je prendrai des leçons d'armes.

SCÈNE XV.

LES MÊMES, CALISTE.

CALISTE, *entrant sur les derniers mots.* Ma sœur !... des leçons d'armes !... ah ! que ce serait fatigant ! (*Elle passe entre Sidonie et Dolorès.*)

SIDONIE. Et qui sait si à mon tour je ne vous donnerai pas une leçon, mon beau petit monsieur !

LUDOVIC, *à part.* Voilà une femme qui ne calmera guère mon caractère un peu querelleur, tandis que sa sœur est si douce.

CYPRIEN, *à part.* Voilà une femme qui me donnerait un peu d'énergie. (*A sir Hopkins.*) Il ne s'agit pas de ce genre de satisfaction. Permettez-moi de vous apprendre encore un de nos usages de France.

SIR HOPKINS. Encore un autre !

* Ludovic, Cyprien, sir Hopkins, Sidonie, Dolorès.

CYPRIEN. Lorsqu'une femme donne un soufflet à un homme, elle lui laisse prendre un baiser pour réparation.

SIDONIE. Un baiser !

DOLORÈS. Cela convient mieux à une faible femme.

SIDONIE. J'aime mieux me battre, ma tante.

SIR HOPKINS, *gravement.* Puisque cela suffit au point d'honneur, je voulais bien et je me contentais de la réparationne. Fallait-il des témoins ?

LUDOVIC. Oui, je tiens à ce qu'il y ait des témoins.

SIR HOPKINS. Messieurs, je vous prends pour témoins. Miss, choisissez les vôtres.

SIDONIE. Soit, ma tante et ma sœur. (*Les trois hommes sont d'un côté, les trois femmes de l'autre.*)

CALISTE. Les témoins peuvent-ils s'asseoir ?

LUDOVIC. Non pas.

SIR HOPKINS. Nous sommes à quinze pas.

CYPRIEN. Je donne le signal. (*Il frappe trois coups; Sir Hopkins et Sidonie s'avancent gravement. Sir Hopkins embrasse Sidonie.*)

SIR HOPKINS. Fallait-il encore une seconde réparation ? Je suis très-scrupuleux sur le point d'honneur.

LUDOVIC. L'honneur est satisfait.

SIDONIE, *passant près de Cyprien.** En vérité, monsieur Cyprien, vous avez tout calmé avec une adresse... Tenez, j'aime votre tranquillité, votre sang-froid.

DOLORÈS. Toi qui lui ressembles si peu... Vous êtes comme le feu et l'eau.

CYPRIEN. Mais ce sont deux éléments qui s'accordent mieux qu'on ne pense.

AIR : *Amis, voici la riante semaine.*

Quand au foyer vous mettez l'eau dormante,
Devant le feu qui brille en gerbes d'or,
Il la ranime, il la rend bouillonnante,
Et vient bien vite activer l'eau qui dort.
Mais quand le feu devenant incendie,
D'embraser tout semble se faire un jeu,
Pour le calmer, en complaisante amie,
A son tour l'eau vient éteindre le feu. (*bis.*)

SIR HOPKINS, *à Dolorès.* Maintenant, céleste numéro 14, rien il ne s'opposera plus à notre bonheur.

CALISTE. Dites donc, ma tante, pourquoi ce monsieur vous appelle-t-il numéro 14 ?

DOLORÈS. C'est le numéro d'un portrait que j'ai eu à l'exposition.

CALISTE. Vous avez été exposée, ma tante ?

* Caliste, Ludovic, Cyprien, Sidonie, sir Hopkins, Dolorès.

DOLORÈS. Oui, mon enfant, il y a plusieurs années ; il y a dix ans.

SIR HOPKINS. Dix ins... mais ce était cette année que je avais vu le numéro 14.

DOLORÈS. Il fallait donc vous expliquer. Il n'y avait au musée cette année que le portrait de la plus jeune de mes sœurs, qui me ressemble parfaitement.

SIR HOPKINS. Grand Dieu ! je avais trompé moa !... Je me disais aussi que le peintre l'avait un peu rajeunie.

DOLORÈS. Monsieur !...

SIR HOPKINS. Oh miss ! dites vite à moa où est votre sœur?

DOLORÈS. Elle est partie pour New-York.

SIR HOPKINS. Pour New-York !... Oh désolationne !... Eh bien, je vais à New-York chercher le numéro 14.

SIR HOPKINS.

AIR du chœur des Pêcheurs. (La Muette.)

Jusqu'à New-York cherchons ma belle blonde.
My heart is in this pretty city.
J'irais rejoindre à l'autre bout du monde
My flower my sun of beauty.

ENSEMBLE.

SIR HOPKINS.

Jusqu'à New-York, etc.

LES AUTRES.

Jusqu'à New-York il va chercher sa blonde ;
Car tout son cœur par là semble emporté.
Il rejoindrait à l'autre bout du monde
Sa fleur d'amour, son soleil de beauté.

(*Sir Hopkins sort par le fond. Tout le monde, excepté Dolorès, le reconduit en riant.*)

SCÈNE XVI.

LES MÊMES, BONTEMPS.

DOLORÈS. L'impertinent !... oh ! me voilà guérie à jamais de ces êtres excentriques, romantiques et sympathiques. Il me tarde qu'on vienne me distraire et me réjouir.

SIDONIE, *qui est restée au fond avec les autres personnages.* Ah ! voici monsieur Bontemps.

DOLORÈS. A la bonne heure ! Qu'il soit le bienvenu avec son joyeux rire ! (*Allant à lui.*) Ce cher monsieur Bontemps !

BONTEMPS, *pleurant.* Oh !... (*Caliste, qui a descendu la scène, s'assied à droite, sur le fauteuil, et cause avec Ludovic. Sidonie s'assied sur la causeuse, Cyprien cause avec elle. Bontemps et Dolorès sont debout au milieu de la scène.*)

DOLORÈS. Quoi ! monsieur Bontemps, vous pleurez? mais ce n'est pas possible !

BONTEMPS, *pleurant.* Oh ! (*A part.*) Puisque c'est le seul moyen de lui plaire. (*Haut.*) Oh ! oui, je pleure comme Zaïre.

DOLORÈS. Mais que vous est-il arrivé?

BONTEMPS. J'ai récapitulé toutes mes douleurs, et j'ai trouvé que, sans m'en douter, j'en avais beaucoup : il y en a tant dans la vie en général, et dans le notariat en particulier... Il y a d'abord le cautionnement, l'enregistrement... oh !

AIR de Gastibelza.

De mes chagrins j'ai dressé l'inventaire
Lugubrement,
Et du bonheur j'ai fait, pauvre notaire,
Le testament.
A chaque instant mon mouchoir se déploie ;
Mes yeux voilés
Sont tout en pleurs, car j'ai laissé ma joie
Sous les scellés.
Oh !
Sous les scellés.

DOLORÈS. Mon Dieu, que vous êtes contrariant ! vous p'eurez maintenant que je veux rire.

BONTEMPS, *qui tenait son mouchoir sur ses yeux.* Hein? (*Il part d'un bruyant éclat de rire.*)

DOLORÈS. Vous riez à présent?

BONTEMPS. Je voulais vous séduire par les larmes, mais il paraît que j'arrive aussi maladroitement qu'une averse en juillet.

DOLORÈS. Je le retrouve, enfin !

LUDOVIC, *s'avançant.* Mais je croyais, monsieur Bontemps, que vous veniez pour la signature des contrats.

BONTEMPS. Les voici ! * (*Il les pose sur la table et dit à Caliste.*) Voulez-vous signer, mademoiselle? (*Elle signe. — Regardant Dolorès et soupirant.*) Ah !

DOLORÈS, *riant.* Est-ce que cela va vous reprendre? Qui sait?... on peut avoir pitié de vous... peut-être un jour mademoiselle Dolorès deviendra madame Bontemps.

BONTEMPS, *remettant son mouchoir dans sa poche.* Voilà qui est tout à fait réjouissant.

CALISTE, *à Cyprien.* C'est à vous de signer, monsieur Cyprien. (*Ludovic donne une plume à Cyprien.*)

CYPRIEN, *tranquillement.* J'accours, mademoiselle. (*Il achève une histoire qu'il racontait à Sidonie.*) Vous comprenez que c'était très-effrayant. (*Il va vers la table et revient près de Sidonie.*) Cette dame demeurait dans une maison isolée. (*Il va vers la table et revient encore.*) Le voleur s'était glissé dans sa chambre.

LUDOVIC. Est-ce que c'est avec cette lenteur qu'on signe son contrat avec une femme charmante ! (*Lui enlevant la plume.*) On

* Bontemps, Ludovic, Caliste, Dolorès, Cyprien, Sidonie assise.

saisit la plume, on s'élance vers la table et l'on signe impatiemment. (*Il fait tout ce qu'il dit et signe.*)

CALISTE, *à Ludovic.* Eh bien ! vous avez signé mon contrat au lieu de Cyprien.

LUDOVIC. Tiens, c'est vrai !

CYPRIEN. Il a signé !

CALISTE. Du reste, moi, je ne m'y oppose pas.

SIDONIE. Ni moi non plus.

CALISTE, *à Ludovic.* J'aime beaucoup la vivacité et l'énergie ; au moins, quand je serai fatiguée, je vous ferai courir pour moi.

SIDONIE. Tu as raison ; maintenant comme toi, j'aime les contrastes.

DOLORÈS, *regardant Bontemps.* Et moi aussi.

CYPRIEN, *à Sidonie.* Ne vous semble-t-il pas, mademoiselle, que nos deux caractères feraient une belle antithèse ? Vous plairait-il aussi de changer le nom de votre fiancé ?

SIDONIE. Pourquoi pas?... Eh bien ! j'y consens, car je reconnais enfin les inconvénients de la sympathie.

CHŒUR.

Air *de la marche du Chalet.*

Il faut, par un contraste habile,
   Des anges près des démons ;
Près du drame, le vaudeville,
Et près des larmes, des chansons.

SCENE XVII.

LES MÊMES, SIR HOPKINS.

SIR HOPKINS. Je avais oublié une chaose, miss, volez-vous dire à moa, if you please, la rue et le numéro de votre si jolie sœur qui était à New-York?

DOLORÈS. De grâce, laissez-nous tranquille.

SIR HOPKINS, *au public.*
Air *de l'Andalouse.*

Pouvez-vous me dire l'adresse
De ma beauté, de mon vainqueur ?
C'est ma lionne, ma tigresse,
Les cheveux de sa blonde tresse,
Sont une chaîne pour mon cœur.

CALISTE. (*Parlé.*) Pardon, monsieur, je suis fâchée de vous interrompre. Mais je veux réclamer la sympathie du public, car avec lui elle n'a pas d'inconvénients.

(*Au public en montrant Cyprien.*)
Si notre humeur est flegmatique,
Si nous vous paraissons trop lents,
Vous, par un accord sympathique,
Oh ! de grâce, pour la critique,
Soyez encor plus nonchalants.

SIDONIE, *au public.*
Je suis loin des anges célestes,
Et je m'irrite à tout propos.
Pour les soufflets mes mains sont prestes,
Que vos mains soient encor plus lestes
Pour nous accorder des bravos.

REPRISE DU CHŒUR.

FIN.

Paris —Imprimerie de Mme Ve Doodey-Dupré, rue Saint Louis, 46, au Marais

<table>
<tr><td>

Rita l'Espagnole, dr. 5 actes.
Roméo et Juliette, 5 actes.
  par F. Soulié.
Rubans d'Yvonne (les), c. 1 act.
Ralph le bandit, mélod. 5 actes.
Révolution Française (la), 4 act.
Rigobert ou fais-moi bien rire.
Ramoneur (le), dr.-vaud. 2 actes.
Salpêtrière (la), dr. 5 actes.
Sac à malices (le), féer. en 3 act.
Servante du curé (la).

</td><td>

Stella, drame en 5 actes.
Sans nom, fol.-vaud. 1 acte.
Sept Châteaux du diable (les).
Sœur du Muletier (la), dr. 5 a.
Sept enfants de Lara (les). 5 a.
Sonnette de nuit (la), en un acte.
Stéphen, dr. 5 actes.
Sous une porte cochère, v. 1 act.
Simplette, vaud. 1 acte.
Tache de sang (la), dr. 3 act.
Trois épiciers (les), vaud. 3 act.

</td><td>

Traite des noirs (la), dr. 5 actes.
Tremblement de terre de la Martinique (le), dr. 5 act.
Tirelire (la), vaudeville, 1 acte.
Thomas Maurevert, drame 3 a.
Tailleur de la Cité (le), dr. 5 ac.
Tyran d'une femme, v. 1 acte.
Urbain Grandier, par A. Dumas.
Un grand Criminel, dr. 3 actes
Une Nuit au Louvre, dr. 3 actes.
Un Changement de main, 2 a.

</td><td>

Vicomte de Giroflé (le), 1 acte.
Vautrin, dr. 5 a. par Balzac.
Vendredi (le), vaud. 1 acte.
Vénitienne (la), dr. en 5 actes.
Voisin (la), dr. 5 actes.
Vouloir c'est pouvoir, c.-v. 2 a.
Veille de Wagram.
Voyage en Espagne, vaud. 1 acte.
Zanetta ou jouer avec le feu.

</td></tr>
</table>

RÉCENTES PUBLICATIONS.

CLAUDIE, drame en 3 actes, par GEORGES SAND	1 50
FRANÇOIS LE CHAMPI, comédie en 3 actes, en prose, par Mme GEORGES SAND	1 50
LE JOUEUR DE FLUTE, comédie en un acte, par M. E. Augier	1 50
LA JEUNESSE DES MOUSQUETAIRES, drame 5 actes, par MM. Alex. Dumas et Maquet	1 »
PAILLASSE, drame en 5 actes, par MM. Dennery et Marc Fournier	» 60
JENNY L'OUVRIÈRE, drame en 5 actes, de MM. Decourcelle et J. Barbier	» 60
LA FILLE DU RÉGIMENT, opéra comique en 2 actes de MM. Bayard et de Saint-Georges	» 60
URBAIN GRANDIER, drame en 5 actes, par M. Alex. Dumas et Aug. Maquet	» 50
BONAPARTE, ou les 1res Pages d'une grande Histoire, pièce milit. en 20 tabl. de M. F. Labrousse.	» 50
UN MARIAGE SOUS LOUIS XV, comédie en cinq actes, par M. Alexandre Dumas	» 50
UNE MAUVAISE NUIT EST BIENTOT PASSÉE, com.-vaud. en un acte, par M. Honoré	» 50
LES FRÈRES CORSES, 5 actes, tiré du roman d'Alex. Dumas par MM Grangé et Montépin.	» 50
LE PETIT TONDU, drame militaire en trois actes, par M. F. Labrousse	» 50
LA CHASSE AU CHASTRE, fantaisie en 3 actes et 8 tableaux, par M. Alex. Dumas	» 50
HENRI LE LION, drame en 5 actes, par MM. St-Ernest et Filliot	» 50
PAULINE, drame en 5 actes, tiré du roman de M. Al. Dumas, par MM. Grangé et Montépin.	» 50
L'ARMÉE DE SAMBRE-ET-MEUSE, 4 actes et 19 tableaux, par F. Labrousse et Frédéric.	» 50
IL Y A PLUS D'UN ANE A LA FOIRE... Vaud. en 1 acte, par MM. Paul de Kock et de Guiches.	» 50
LA FEMME DE MÉNAGE, vaudeville en 1 acte, par M. Michel Delaporte.	» 50
LA BARRIÈRE CLICHY, drame militaire en 5 actes et 14 tableaux, par Alexandre Dumas	» 60
VALÉRIA, drame en cinq actes et en vers, par MM. Auguste Maquet et Jules Lacroix	2 »
LE DIABLE, drame en cinq actes, par MM. Delacour et Lambert Thiboust.	» 60
LE PLANTON DE LA MARQUISE, comédie-vaud. en un acte, par MM. Ward et H. Vannoy.	» 50
UNE FEMME PAR INTÉRIM, vaudeville en un acte, par MM. E. Huzot et Lehmann.	» 50
ENTRE DEUX CORNICHET, com.-vaud. en un acte, par MM. Paul de Kock et Boyer.	» 50
MEUBLÉ ET NON MEUBLÉ, vaudeville en un acte, de MM. Dupeuty et E. Grangé.	» 50
LES TROIS VOISINS, LES TROIS VOISINES, comédie-vaudeville en un acte, par M. Dubois.	» 50
LE MONDE VOLANT, vaudeville en un acte, par M. Ch. Paul de Kock	» 50
CONTRE FORTUNE, BON CŒUR, com.-vaud. en 1 acte, par M. J. de Wailly et A. Overnay	» 50
LA GOTON DE BÉRANGER, vau. en 5 a. dont un prologue, par Mrs Cormon, Grangé et Dutertre.	» 60
MERCADET, comédie en 3 actes, par H. de Balzac	1 50
LE DOUTE ET LA CROYANCE, drame en 1 acte, par M. J. M. Cournier	1 »
LES QUENOUILLES DE VERRE, féerie-vaud. en 3 actes et 8 tab., par M. Michel Delaporte.	» 60
LA FILLE DE FRÉTILLON, vaudeville en un acte, par MM. Deadé e Choler	» 50
LA PAYSANNE PERVERTIE, drame en 5 actes, de MM. Dumanoir et d'Ennery	» 60
BOUDJALI, vaudeville en un acte, de MM. Élie Sauvage, Duhomme et René Chevalier	» 50
QUAND ON VA CUEILLIR LA NOISETTE, V. en 1 acte, de MM. H. de Kock et A. de Jallais.	» 60
LA CIRCASSIENNE, com. mêlée de chant en un acte, par MM. Saint-Hilaire et É. Bordier.	» 60
LA COURSE AU PLAISIR, revue de 1851, de M. Delaporte, T. Muret et Gaston de Montheau.	» 60
L'AME TRANSMISE, drame en 5 actes, par M. J. Chardon	» 60
A QUI MAL VEUT, MAL ARRIVE, vaud.-proverbe en un acte, de MM. Roche et Chéreault.	» 60
LES REINES DES BALS PUBLICS, fo.-v., 1 a., par Mrs M. Delaporte et Gaston de Montheau.	» 60
JOANITA, gr. opéra en 3 actes, par MM. Édouard Duprez, G. Oppelt, et G. Duprze	1 »
LA DAME AUX COBÉAS, parodie-vaudeville en 3 actes, par MM. Cogniard frères et Bourdois.	» 60
SARAH LA CRÉOLE, drame en cinq actes, par MM. A. de Courcelle et Jaime fils	» 60
LA CHANVRIÈRE, comédie en trois actes mêlée de chant, par M. Ed. Plouvier	» 60
LA NIÈCE DU PRÉCEPTEUR, comédie-vaudeville en trois actes, par M. Laurencin	» 60
LES ABSENTS ONT RAISON, comédie en deux actes et en prose, par Mme Anaïs Ségalas.	» 60
LES DRAGONS DE LA REINE, comédie en un acte, mêlée de chant, par M. Decourcelles.	» 60
TOUT EST BIEN QUI FINIT BIEN, v.-prov. en 3 tabl. et en prose, par M. Ed. de Varennes.	» 60
JEAN LE COCHER, dr. en 5 actes, précédé d'un prologue en 2 tab., par M. J. Bouchardy.	1 »
LES FOURBERIES D'ARLEQUIN ET LES INDIGNITÉS DE COLOMBINE, folie-vaudeville-arlequinade en un acte, par M. Paul de Kock.	» 60
MASSÉNA L'ENFANT CHÉRI DE LA VICTOIRE, dr. mil. en 3 a. et 18 tab., de Mrs Cogniard frères.	» 60